школа - escola	2
подорож - viagem	5
транспорт - transporte	8
місто - cidade	10
ландшафт - paisagem	14
ресторан - restaurante	17
супермаркет - supermercado	20
напої - bebidas	22
їжа - comida	23
ферма - fazenda	27
дім - casa	31
вітальня - sala de estar	33
кухня - cozinha	35
ванна кімната - banheiro	38
дитяча кімната - quarto de criança	42
одяг - vestuário	44
офіс - escritório	49
економіка - economia	51
професії - profissões	53
інструменти - ferramentas	56
музичні інструменти - instrumentos musicais	57
зоопарк - zoológico	59
спорт - esportes	62
дії - atividades	63
сім'я - família	67
тіло - corpo	68
лікарня - hospital	72
аварійний випадок - emergência	76
Земля - Terra	77
годинник - relógio	79
тиждень - semana	80
рік - ano	81
форми - formas	83
фарби - cores	84
протилежності - opostos	85
числа - números	88
мови - idiomas	90
хто / що / як - quem / o quê / como	91
де - onde	92

AF206756

Impressum
Verlag: BABADADA GmbH, Nedderfeld 112 , 22529 Hamburg
Geschäftsführer / Verlagsleitung: Harald Hof
Druck: Books on Demand GmbH, In de Tarpen 42, 22848 Norderstedt

Imprint
Publisher: BABADADA GmbH, Nedderfeld 112 , 22529 Hamburg, Germany
Managing Director / Publishing direction: Harald Hof
Print: Books on Demand GmbH, In de Tarpen 42, 22848 Norderstedt, Germany

школа

escola

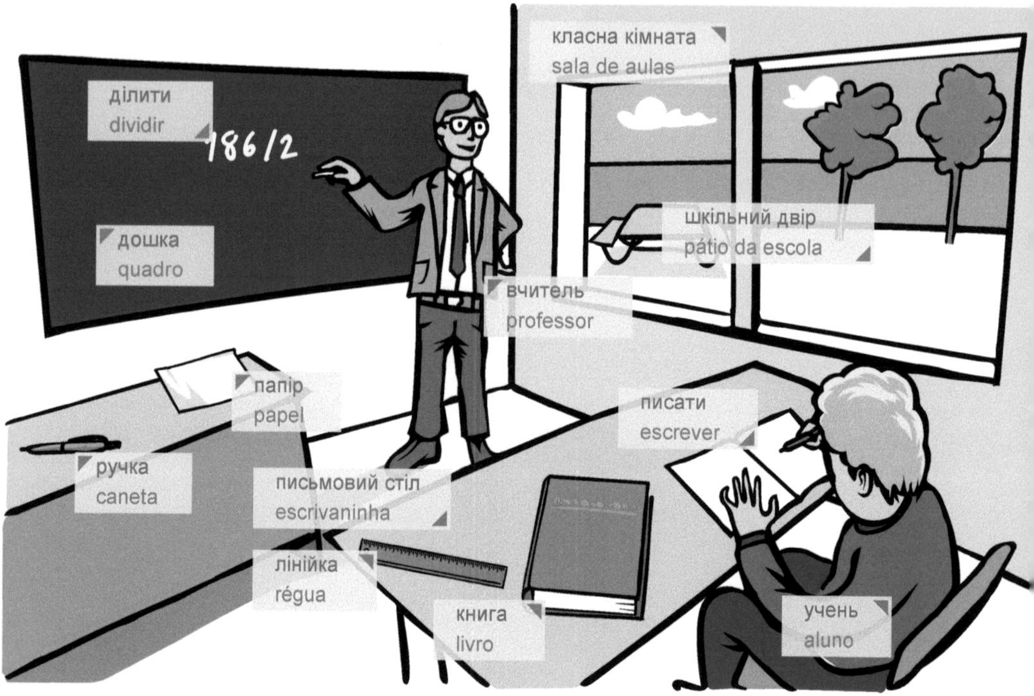

класна кімната
sala de aulas
ділити
dividir
186/2
дошка
quadro
шкільний двір
pátio da escola
вчитель
professor
папір
papel
писати
escrever
ручка
caneta
письмовий стіл
escrivaninha
лінійка
régua
книга
livro
учень
aluno

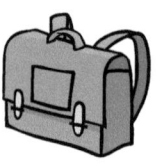

ранець

sacola

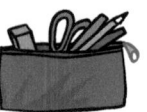

пенал

estojo de lápis

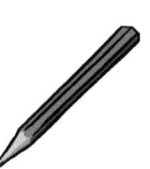

олівець

lápis

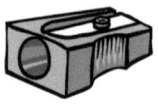

точило

apontador de lápis

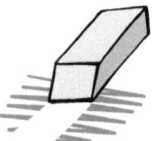

гумка

borracha

альбом для малювання

bloco de desenho

малюнок

desenho

пензель

pincel

коробка фарб

estojo de tintas

ножиці

tesoura

клей

cola

зошит

livro de exercícios

домашнє завдання

lição de casa

число

número

додавати

somar

віднімати

subtrair

множити

multiplicar

рахувати

calcular

літера

letra

абетка

alfabeto

слово

palavra

текст

texto

читати

ler

крейда

giz

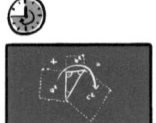

година

hora

класний журнал

registro da classe

екзамен

exame

диплом

certificado

шкільна форма

uniforme escolar

освіта

educação

лексикон

enciclopédia

університет

universidade

мікроскоп

microscópio

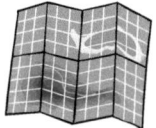

карта

mapa

кошик для паперу

cesto de lixo

подорож
viagem

готель
hotel
Grand
турбаза
albergue
ROOMS
обмінний пункт
casa de câmbio
EXCHANGE
валіза
mala
автомобіль
carro

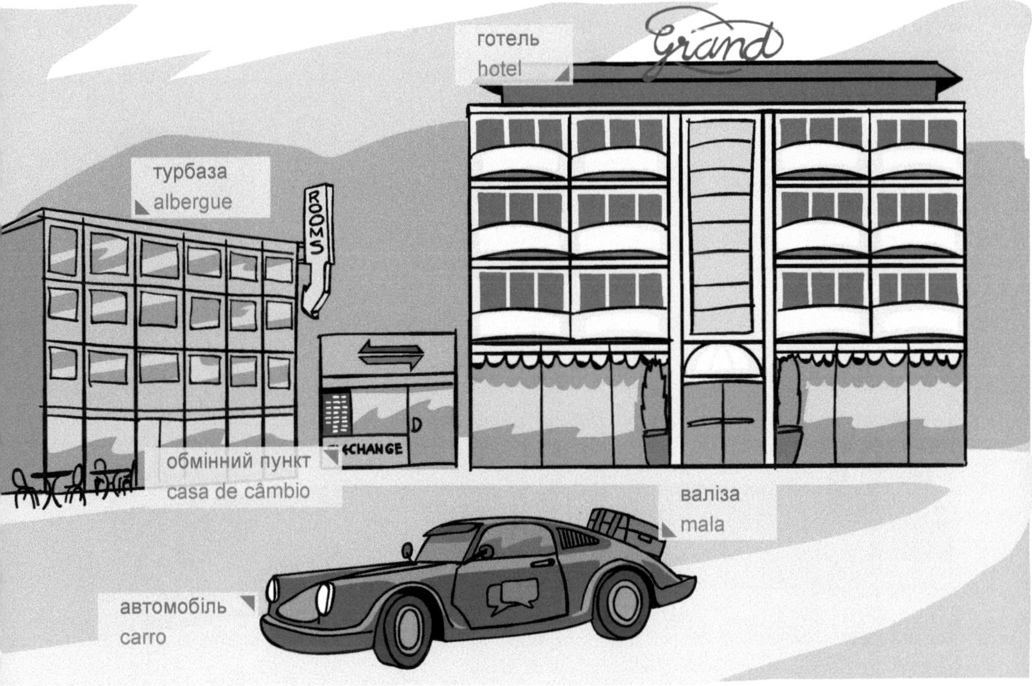

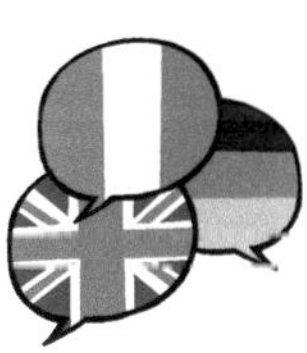

мова
idioma

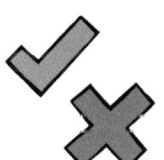

так / ні
sim / não

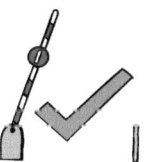

добре
ok

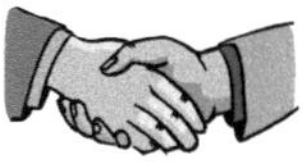

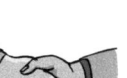

привіт
Olá

перекладач
tradutor

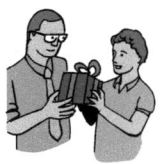

дякую
obrigado

Скільки коштує ...?

quanto custa...?

Я не розумію

eu não entendo

проблема

problema

Добрий вечір!

boa noite!

Доброго ранку!

Bom dia!

На добраніч!

Boa noite!

До побачення

até logo

напрямок

direção

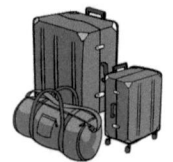

багаж

bagagem

сумка

bolsa

рюкзак

mochila

гість

convidado

кімната

quarto

спальний мішок

saco de dormir

намет

barraca

туристична інформація

informação turística

пляж

praia

кредитна картка

cartão de crédito

сніданок

café da manhã

обід

almoço

вечеря

jantar

квиток

bilhete

ліфт

elevador

поштова марка

selo

межа

fronteira

митниця

alfândega

посольство

embaixada

віза

visto

паспорт

passaporte

транспорт
transporte

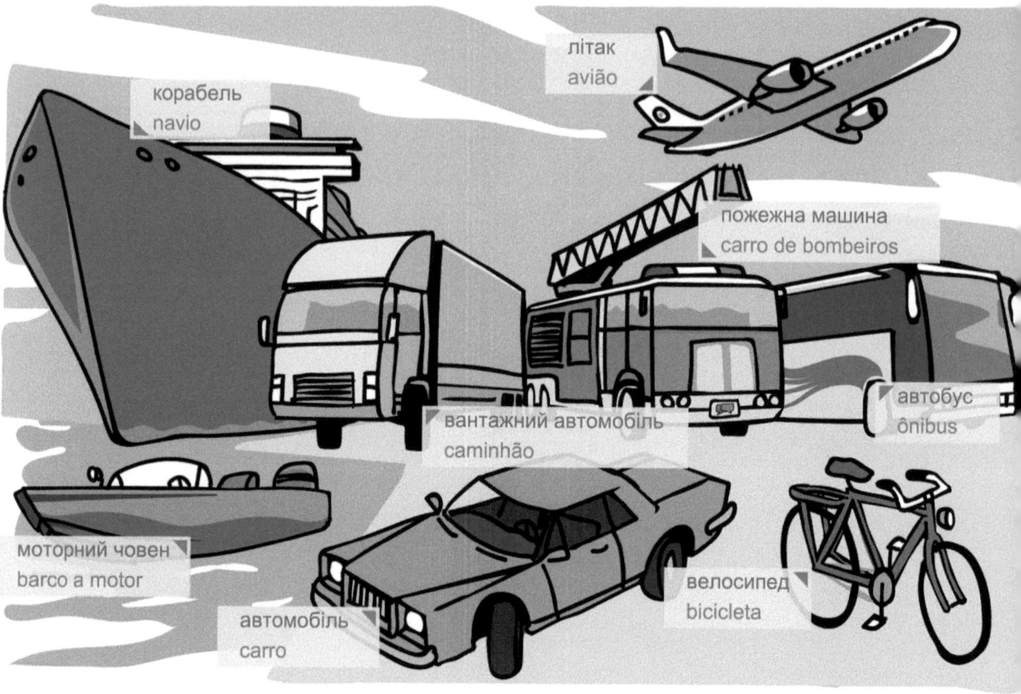

корабель
navio

літак
avião

пожежна машина
carro de bombeiros

автобус
ônibus

вантажний автомобіль
caminhão

моторний човен
barco a motor

велосипед
bicicleta

автомобіль
carro

пором

balsa

човен

barco

мотоцикл

motocicleta

поліцейська машина

veículo policial

гоночний автомобіль

carro de corrida

автомобіль на прокат

carro de aluguel

спільне користування авто

compartilhamento de automóvel

евакуатор

caminhão de reboque

сміттєвоз

caminhão de lixo

двигун

motor

паливо

combustível

автозаправна станція

posto de gasolina

дорожній знак

placa de trânsito

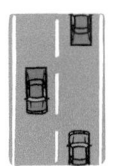

рух

trânsito

затор

trânsito lento

стоянка

estacionamento

вокзал

estação de trem

рейки

trilhos

потяг

trem

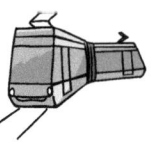

трамвай

bonde

вагон

vagão

гелікоптер

helicóptero

аеропорт

aeroporto

вежа

torre

пасажир

passageiro

контейнер

contêiner

коробка

cartolina

візок

carroça

кошик

cesto

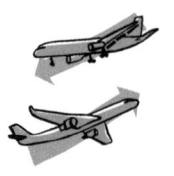

стартувати / приземлятися

decolar / pousar

місто

cidade

село

vilarejo

центр міста

centro da cidade

дім

casa

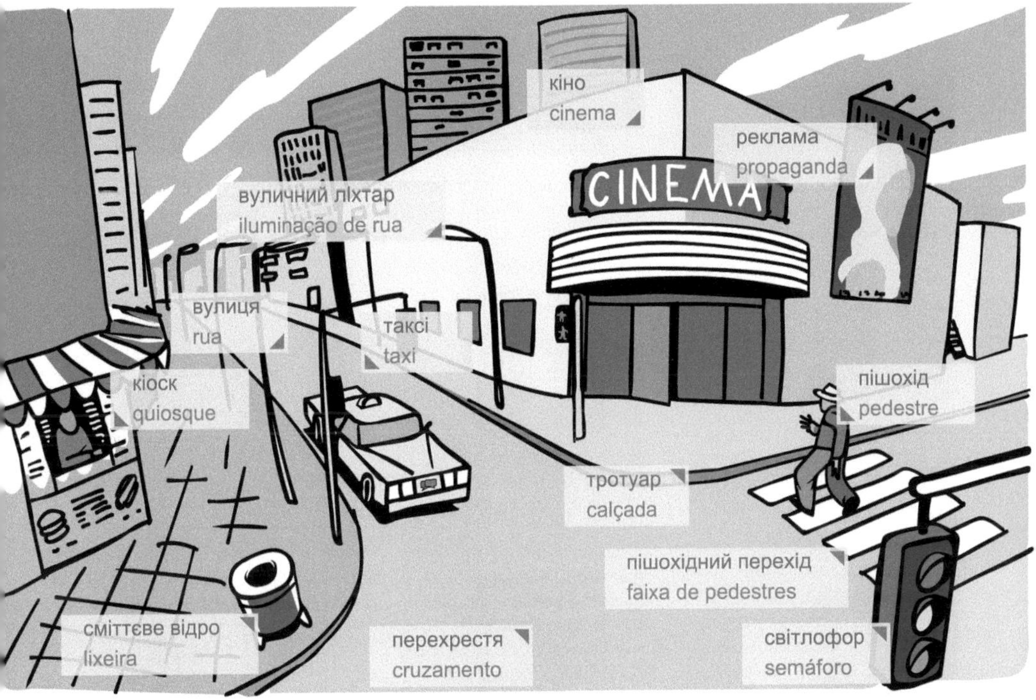

кіно
cinema

реклама
propaganda

вуличний ліхтар
iluminação de rua

вулиця
rua

таксі
taxi

кіоск
quiosque

пішохід
pedestre

тротуар
calçada

пішохідний перехід
faixa de pedestres

сміттєве відро
lixeira

перехрестя
cruzamento

світлофор
semáforo

хатина

cabana

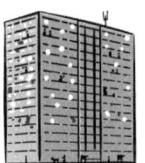

квартира

apartamento

вокзал

estação de trem

ратуша

prefeitura

музей

museu

школа

escola

університет

universidade

банк

banco

лікарня

hospital

готель

hotel

аптека

farmácia

офіс

escritório

книжковий магазин

livraria

магазин

loja

квітковий магазин

floricultura

супермаркет

supermercado

ринок

mercado

універмаг

loja de departamentos

торговець рибою

peixaria

торговельний центр

centro comercial

гавань

porto

місто - cidade

парк

parque

лава

banco

міст

ponte

сходи

escadas

метро

metrô

тунель

túnel

автобусна зупинка

ponto de ônibus

бар

bar

ресторан

restaurante

поштова скринька

caixa de correspondência

вулична табличка

placa de rua

лічильник паркування

parquímetro

зоопарк

zoológico

басейн

piscina

мечеть

mesquita

ферма

fazenda

забруднення
навколишнього
середовища
poluição

кладовище

cemitério

церква

igreja

дитячий майданчик

parquinho

храм

templo

ландшафт

paisagem

листок
folha

вказівний стовп
placa de sinalização

шлях
caminho

луг
gramado

камінь
pedra

мандрівник
caminhantes

дерево
árvore

річка
rio

трава
grama

квітка
flor

долина

vale

гора

montanha

озеро

lago

ліс

floresta

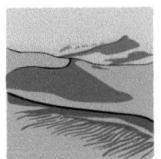

пустеля

deserto

вулкан

vulcão

замок

castelo

веселка

arco-íris

гриб

cogumelo

пальма

palmeira

комар

mosquito

муха

mosca

мурашка

formiga

бджола

abelha

павук

aranha

жук

besouro

жаба

sapo

вивірка

esquilo

їжак

ouriço

заєць

lebre

сова

coruja

птах

pássaro

лебідь

cisne

кабан

javali

олень

veado

лось

alce

гребля

barragem

вітряк

aerogerador

сонячний модуль

painel solar

клімат

clima

ресторан
restaurante

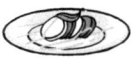

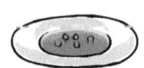

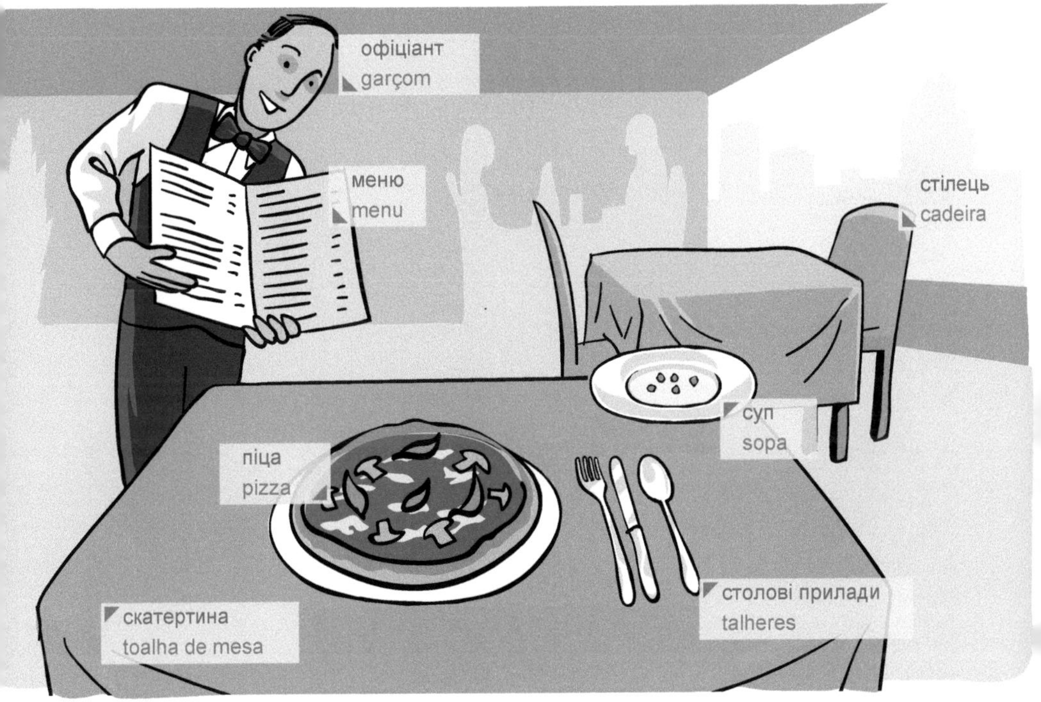
офіціант
garçom
меню
menu
стілець
cadeira
суп
sopa
піца
pizza
столові прилади
talheres
скатертина
toalha de mesa

закуска

entrada

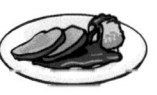

друга страва

prato principal

десерт

sobremesa

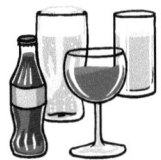

напої

bebidas

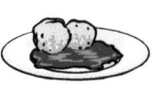

їжа

comida

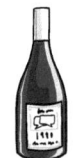

пляшка

garrafa

фаст-фуд

fastfood

вулична їжа

comida de rua

чайник

bule de chá

цукорниця

açucareiro

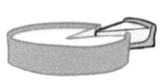

порція

porção

еспресо-машина

máquina de expresso

високий стільчик

cadeirão

рахунок

conta

піднос

bandeja

ніж

faca

вилка

garfo

ложка

colher

чайна ложка

colher de chá

серветка

guardanapo

склянка

copo

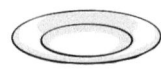

тарілка

prato

тарілка для супу

prato de sopa

блюдце

pires

соус

molho

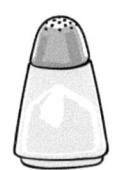

солонка

saleiro

млин для перцю

moedor de pimenta

оцет

vinagre

масло

óleo

спеції

especiarias

кетчуп

ketchup

гірчиця

mostarda

майонез

maionese

супермаркет

supermercado

пропозиція
oferta especial
FOR
клієнт
cliente
молочні продукти
laticínios
фрукти
frutas
візок для покупок
carrinho de compras

BUTCHERS

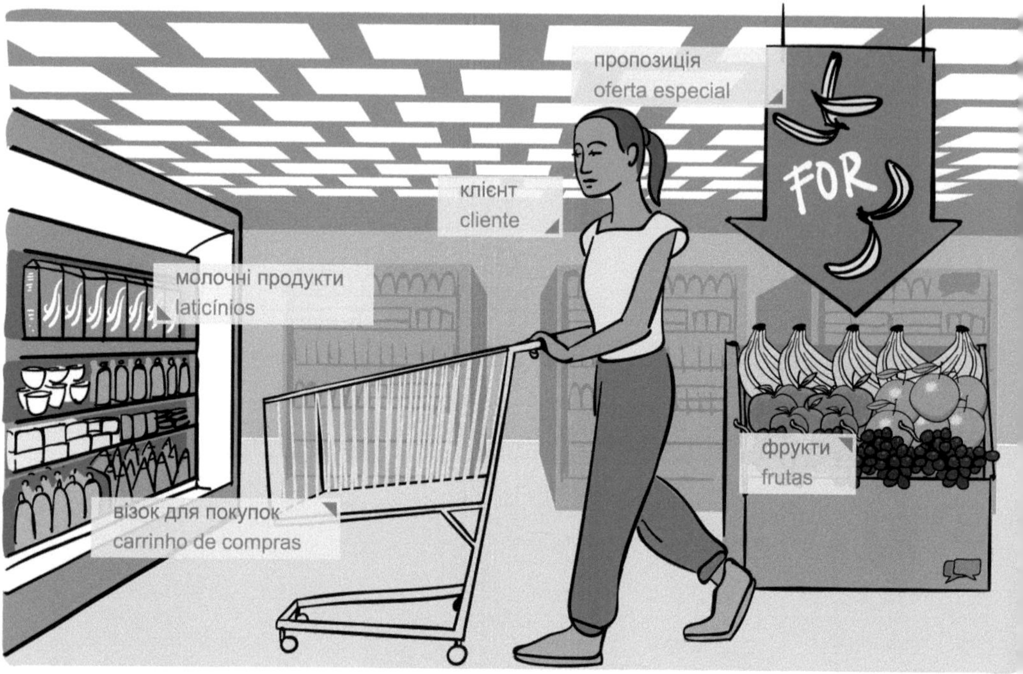

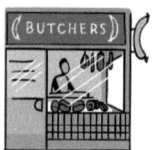

м'ясний магазин

açougue

BAKERY

пекарня

padaria

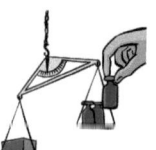

зважувати

pesar

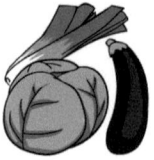

овочі

legumes

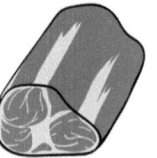

м'ясо

carne

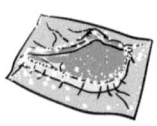

заморожені продукти

congelados

ковбасна нарізка

charcutaria

консерви

conservas

пральний порошок

detergente em pó

солодощі

doces

предмети домашнього побуту

artigos domésticos

мийний засіб

produtos de limpeza

продавщиця

vendedora

каса

caixa

касир

caixa

список покупок

lista de compras

часи роботи

horário de funcionamento

гаманець

carteira

кредитна картка

cartão de crédito

сумка

sacola

поліетиленовий пакет

saco plástico

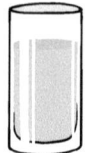

вода

água

сік

suco

молоко

leite

кола

coca-cola

вино

vinho

пиво

cerveja

алкоголь

álcool

какао

cacau

чай

chá

кава

café

еспресо

expresso

капучіно

cappuccino

банан

banana

яблуко

maçã

апельсин

laranja

кавун

melão

лимон

limão

морква

cenoura

часник

alho

бамбук

bambu

цибуля

cebola

гриб

cogumelo

горішки

nozes

локшина

macarrão

спагеті

espaguete

рис

arroz

салат

salada

картопля фрі

batatas fritas

смажена картопля

batatas frias

піца

pizza

гамбургер

hambúrger

бутерброд

sanduíche

шніцель

escalope

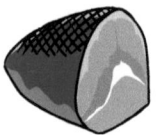

шинка

presunto

салямі

salame

ковбаса

salsicha

курка

galinha

печеня

assado

риба

peixe

вівсяні пластівці

flocos de aveia

мюслі

granola

кукурудзяні пластівці

flocos de milho

борошно

farinha

круасан

croissant

булочка

pãozinho

хліб

pão

тостовий хліб

torrada

печиво

biscoitos

масло

manteiga

сир

requeijão

пиріг

bolo

яйце

ovo

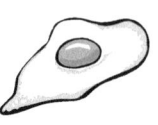

яєчня

ovo frito

сир

queijo

морозиво

sorvete

цукор

açúcar

мед

mel

мармелад

geleia

нуга-крем

creme de avelãs

карі

curry

ферма
fazenda

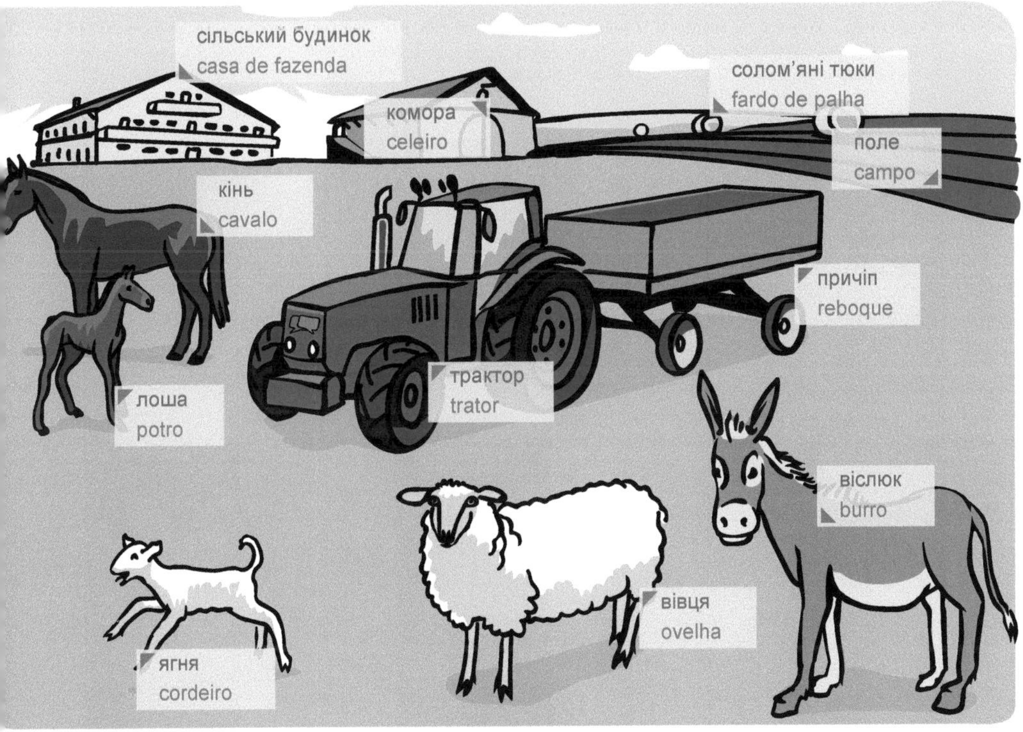

сільський будинок
casa de fazenda
комора
celeiro
солом'яні тюки
fardo de palha
поле
campo
кінь
cavalo
причіп
reboque
трактор
trator
лоша
potro
віслюк
burro
вівця
ovelha
ягня
cordeiro

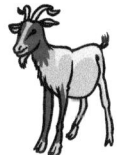

коза

cabra

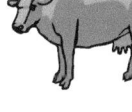

корова

vaca

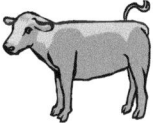

теля

bezerro

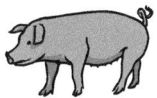

свиня

porco

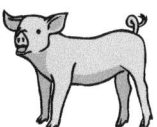

порося

leitão

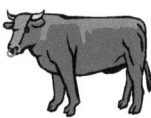

бик

touro

гусак

ganso

качка

pato

курча

pintinho

курка

galinha

півень

galo

щур

ratazana

кіт

gato

миша

camundongo

віл

boi

собака

cachorro

собача будка

casinha do cachorro

садовий шланг

mangueira de jardim

лійка

regador

коса

foice

плуг

arado

серп

foice

мотика

enxada

вила

forquilha

сокира

machado

тачка

carrinho de mão

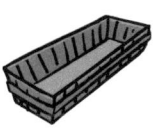

корито

manjedoura

бідон молока

jarra de leite

мішок

saco

паркан

cerca

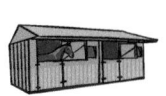

хлів

estábulo

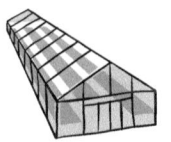

теплиця

estufa

ґрунт

solo

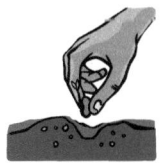

насіння

semente

добриво

fertilizante

комбайн

colheitadeira

пожинати

colher

урожай

colheita

корінь ямсу

inhame

пшениця

trigo

соя

soja

картопля

batata

кукурудза

milho

ріпак

colza

плодове дерево

árvore frutífera

маніок

mandioca

злаки

cereais

димохід
chaminé

дах
telhado

водостічний лоток
calhas de chuva

вікно
janela

гараж
garagem

дзвінок
campainha da porta

двері
porta

відро для сміття
lata de lixo

поштова скринька
caixa de correspondência

сад
jardim

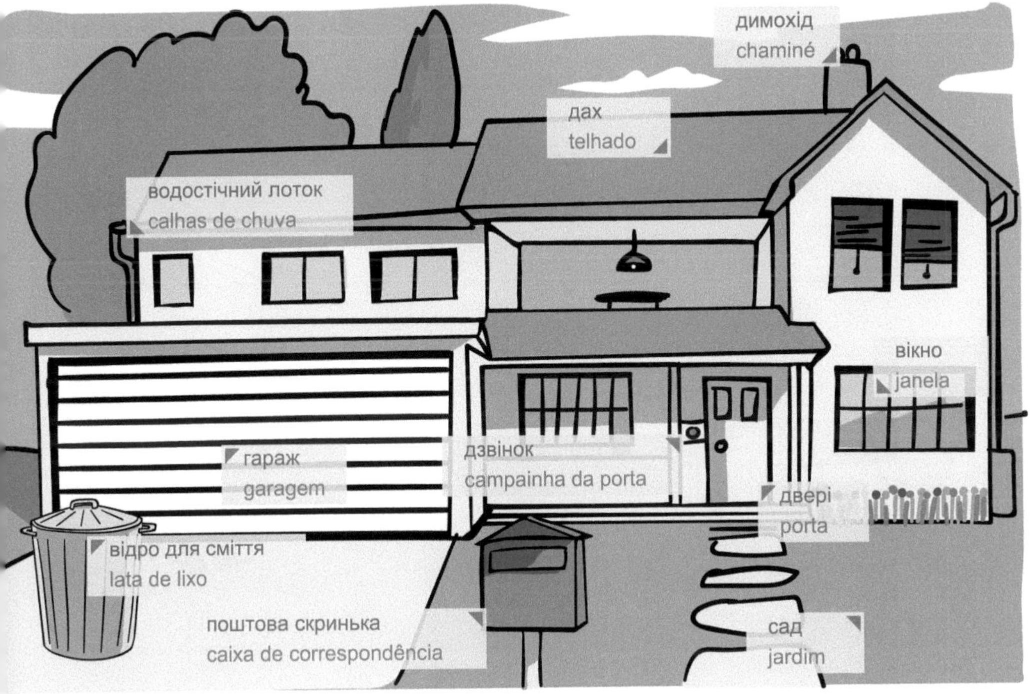

вітальня
sala de estar

ванна кімната
banheiro

кухня
cozinha

спальня
quarto de dormir

дитяча кімната
quarto de criança

їдальня
sala de jantar

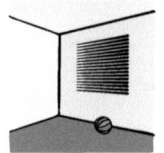

підлога

chão

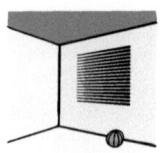

стіна

parede

стеля

teto

підвал

porão

сауна

sauna

балкон

varanda

тераса

terraço

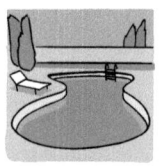

басейн

piscina

косарка

cortador de grama

простирало

lençol

ковдра

coberta

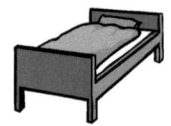

ліжко

cama

мітла

vassoura

відро

balde

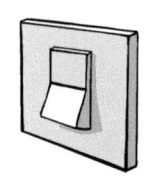

перемикач

interruptor

вітальня

sala de estar

шпалери
papel de parede
малюнок
quadro
лампа
lâmpada
шафа
armário
поличка
prateleira
телевізор
televisão
камін
lareira
квітка
flor
подушка
travesseiro
диван
sofá
ваза
vaso
пульт
controle remoto

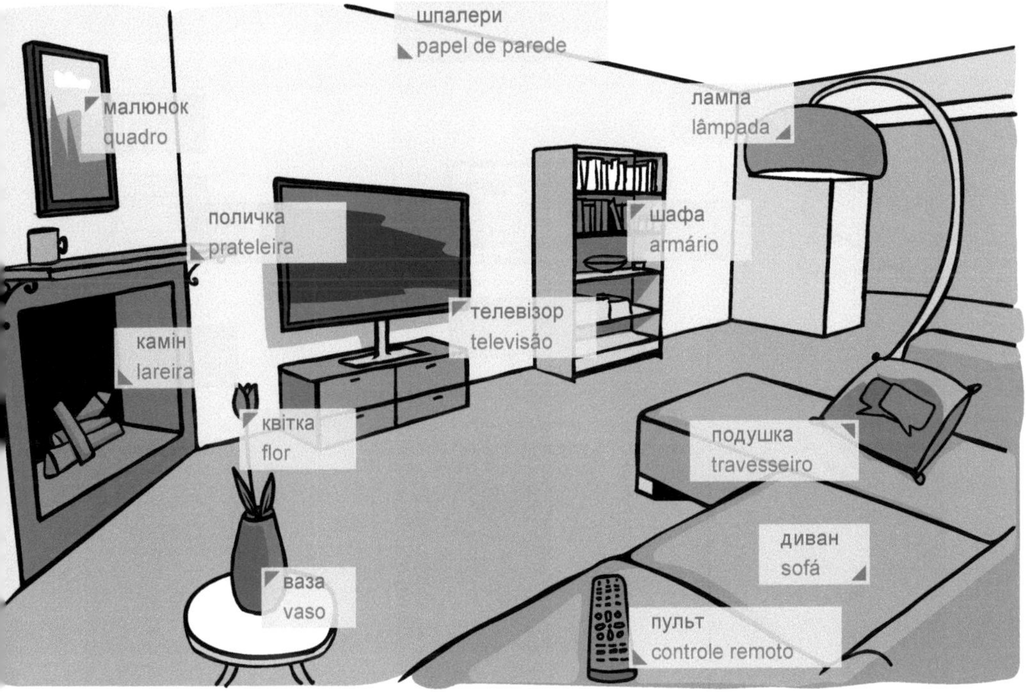

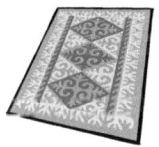

килим

tapete

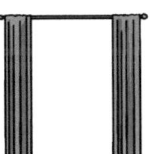

завіса

cortina

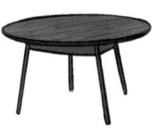

стіл

mesa

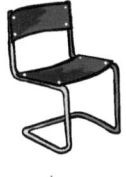

стілець

cadeira

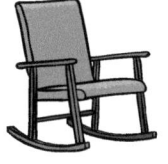

крісло-гойдалка

cadeira de balanço

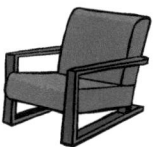

крісло

poltrona

книга
livro

ковдра
cobertor

прикраса
decoração

дрова
lenha

фільм
filme

стереосистема
equipamento de som

ключ
chave

газета
jornal

картина
pintura

плакат
pôster

радіо
rádio

блокнот
bloco de notas

пилосос
aspirador

кактус
cacto

свічка
vela

кухня
cozinha

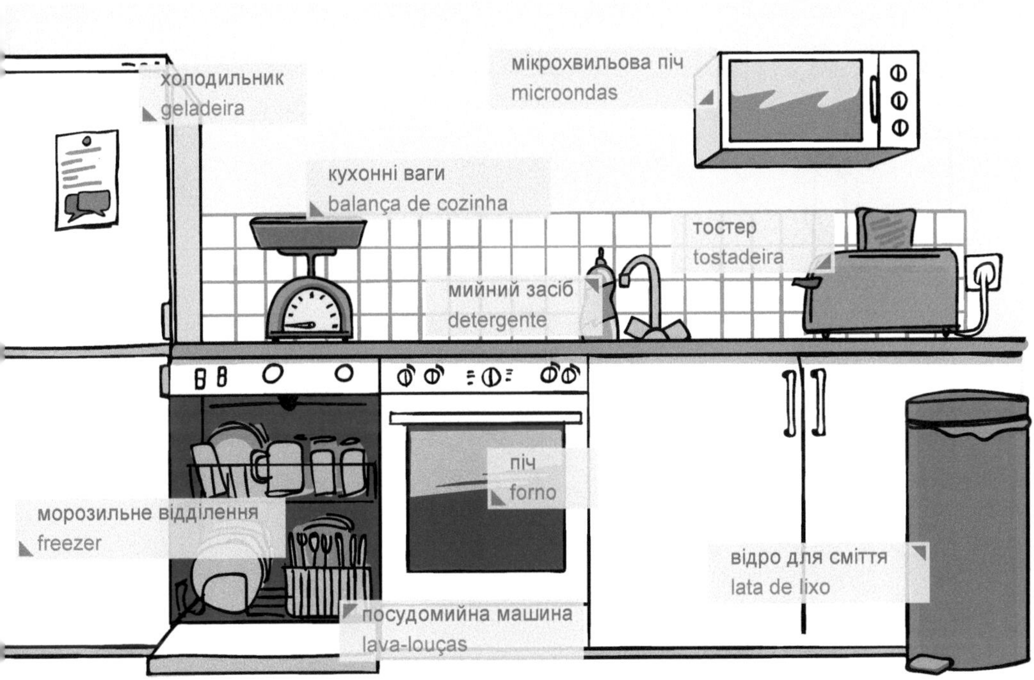
холодильник
geladeira
мікрохвильова піч
microondas
кухонні ваги
balança de cozinha
тостер
tostadeira
мийний засіб
detergente
піч
forno
морозильне відділення
freezer
відро для сміття
lata de lixo
посудомийна машина
lava-louças

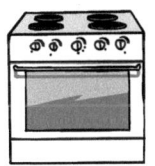

плита
fogão

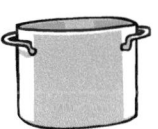

горщик
panela

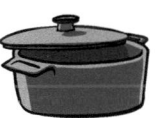

чавунний горщик
panela de ferro

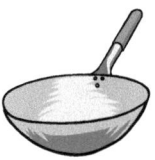

вок / кадай
wok / kadai

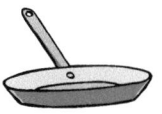

сковорода
frigideira

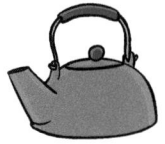

чайник
chaleira

пароварка

panela a vapor

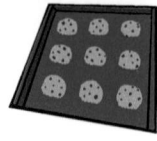

лист

tabuleiro de forno

посуд

louça

кухоль

caneca

чаша

caçarola

палички для їжі

hashi

черпак

concha de sopa

лопатка

espátula

вінчик для збивання

batedor

сито

escorredor

сито

peneira

терка

ralador

ступка

almofariz

барбекю

churrasqueira

багаття

lareira

дошка

tábua de cortar

качалка

rolo da massa

штопор

saca-rolhas

конзерва

lata

відкривачка

abridor de latas

прихватки

pegador de panela

раковина

pia

щітка

escova

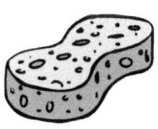

губка

esponja

міксер

liquidificador

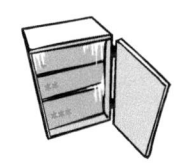

морозильна камера

congelador

дитяча пляшка

mamadeira

кран

torneira

опалення
aquecimento

душ
ducha

рушник
toalha

душова завіса
cortina de chuveiro

піниста ванна
banho de espuma

ванна
banheira

склянка
copo

пральна машина
lava-roupa

кран
torneira

плитка
azulejos

горшок
penico

раковина
pia

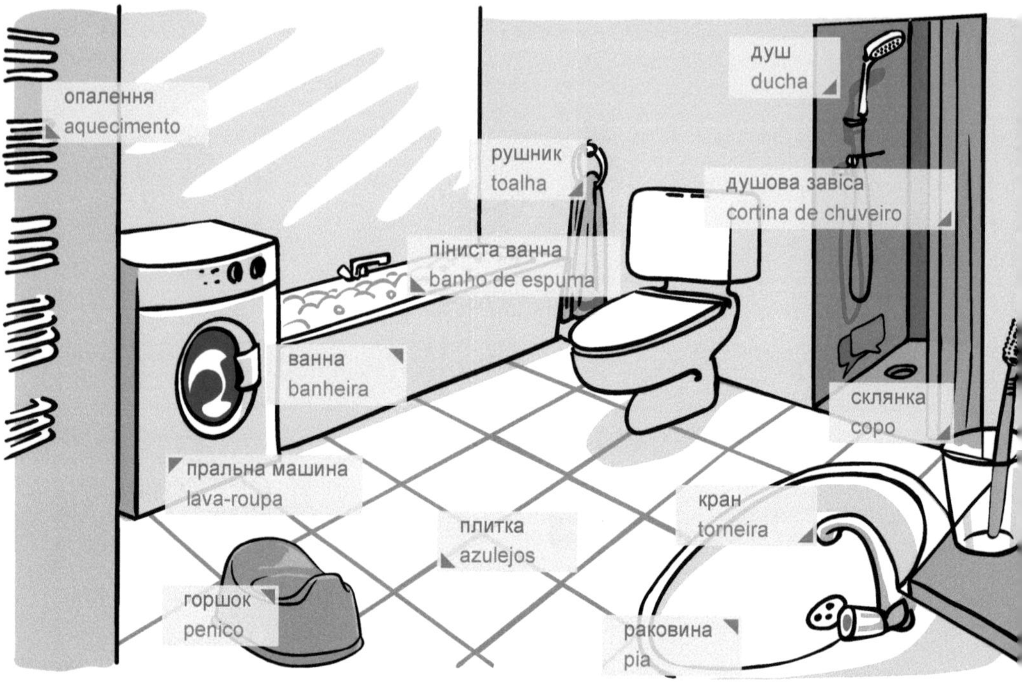

туалет

vaso sanitário

підлоговий туалет

lavabo de agachar

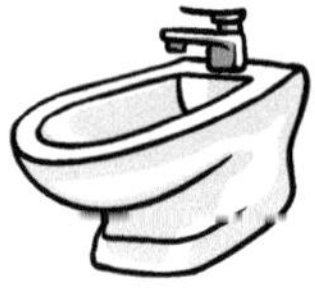

біде

bidê

пісуар

mictório

туалетний папір

papel higiênico

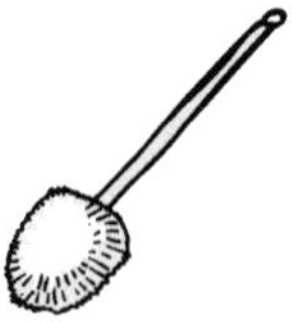

щітка для туалету

escova de privada

зубна щітка

escova de dentes

зубна паста

pasta de dentes

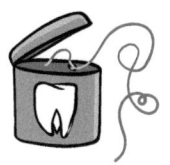

нитка для чищення зубів

fio dental

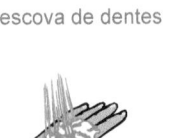

мити

lavar

ручний душ

ducha de mão

інтимний душ

ducha íntima

таз

bacia

щітка для спини

escova para as costas

мило

sabonete

гель для душу

gel de banho

шампунь

xampu

мочалка

toalha de rosto

водостік

escoamento

крем

creme

дезодорант

desodorante

дзеркало

espelho

косметичне дзеркало

espelho de mão

бритва

barbeador

піна для гоління

espuma de barbear

лосьйон після гоління

loção pós-barba

гребінь

pente

щітка

escova

фен

secador de cabelo

лак для волосся

spray de cabelo

косметика

maquiagem

губна помада

batom

лак для нігтів

esmalte de unhas

вата

algodão

ножиці для нігтів

tesoura para unhas

парфум

perfume

косметичка

nécessaire

табурет

banquinho

ваги

balança

халат

roupão de banho

гумові рукавички

luvas de borracha

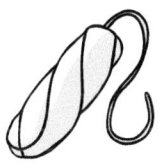

тампон

absorvente interno

гігієнічні прокладки

absorvente íntimo

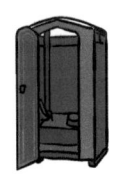

біотуалет

banheiro químico

дитяча кімната
quarto de criança

будильник
despertador
м'яка іграшка
boneco de pelúcia
іграшковий автомобіль
carrinho de brinquedo
брязкальце
chacoalho
ляльковий будиночок
casa de bonecas
подарунок
presente

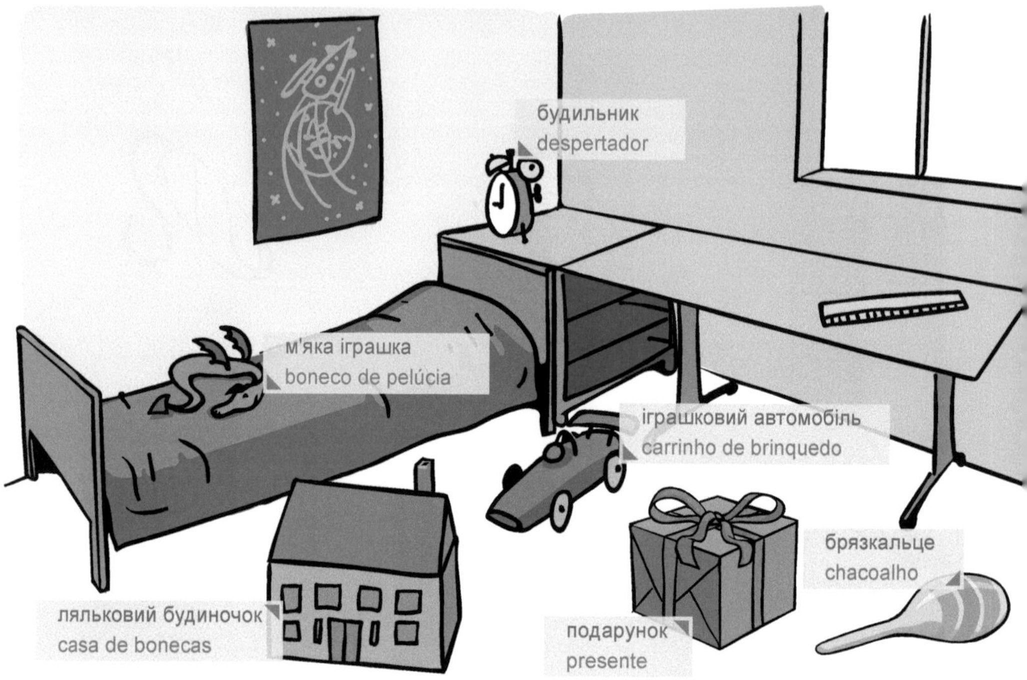

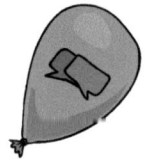

повітряна кулька

balão

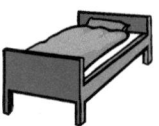

ліжко

cama

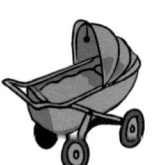

дитячий візок

carrinho de bebê

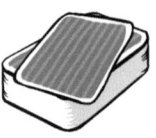

картярська гра

jogo de cartas

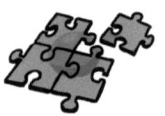

пазл

quebra-cabeças

комікс

revista de quadrinhos

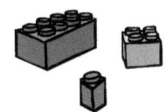

лего цеглинки

peças de Lego

блоки

blocos de construção

іграшкова фігурка

figura de ação

повзунки

macaquinho de bebê

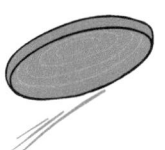

фризбі

frisbee

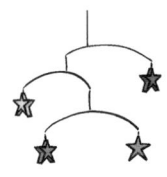

мобіле

móbile para bebé

настільна гра

jogo de tabuleiro

кубик

dados

модель залізнична станція

trenzinho elétrico

соска

chupeta

вечірка

festa

книжка з картинками

livro ilustrado

м'яч

bola

лялька

boneca

грати

brincar

пісочниця

caixa de areia

гойдалка

balanço

іграшка

brinquedos

гральна консоль

videogame

триколісний велосипед

triciclo

плюшевий мішка

ursinho de pelúcia

шафа

guarda-roupa

одяг

vestuário

шкарпетки

meias

панчохи

meias pelo joelho

колготки

meias-calças

шарф
cachecol

ремінь
cinto

парасоля
guarda-chuva

футболка
camiseta

кросівки
ténis

чоботи
botas

домашнє взуття
chinelos

сандалі
sandálias

взуття
sapatos

гумові чоботи
botas de borracha

труси
roupa de baixo

бюстгальтер
sutiã

нижня сорочка
camiseta de baixo

боді
body

штани
calças

джинси
jeans

спідниця
saia

блузка
blusa

сорочка
camisa

пуловер
pulôver

светр
suéter com capuz

піджак
blazer

куртка
jaqueta

пальто
casaco

дощовик
gabardine

костюм
traje

сукня
vestido

весільна сукня
vestido de casamento

костюм

terno

нічна сорочка

camisola

піжама

pijama

capi

sari

головна хустка

lenço de cabeça

чалма

turbante

бурка

burca

кафтан

cafetã

абая

abaya

купальник

maiô

плавки

sunga

шорти

shorts

тренувальний костюм

roupa de treino

фартух

avental

рукавички

luvas

гудзик

botão

окуляри

óculos

браслет

pulseira

ланцюг

colar

кільце

anel

сережка

brinco

шапка

boné

плічка

cabide

капелюх

chapéu

краватка

gravata

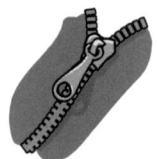

застібка-блискавка

zíper

шолом

capacete

підтяжки

suspensórios

шкільна форма

uniforme escolar

уніформа

uniforme

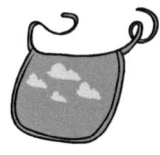

нагрудник

babador

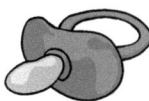

соска

chupeta

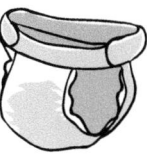

підгузок

fralda

офіс
escritório

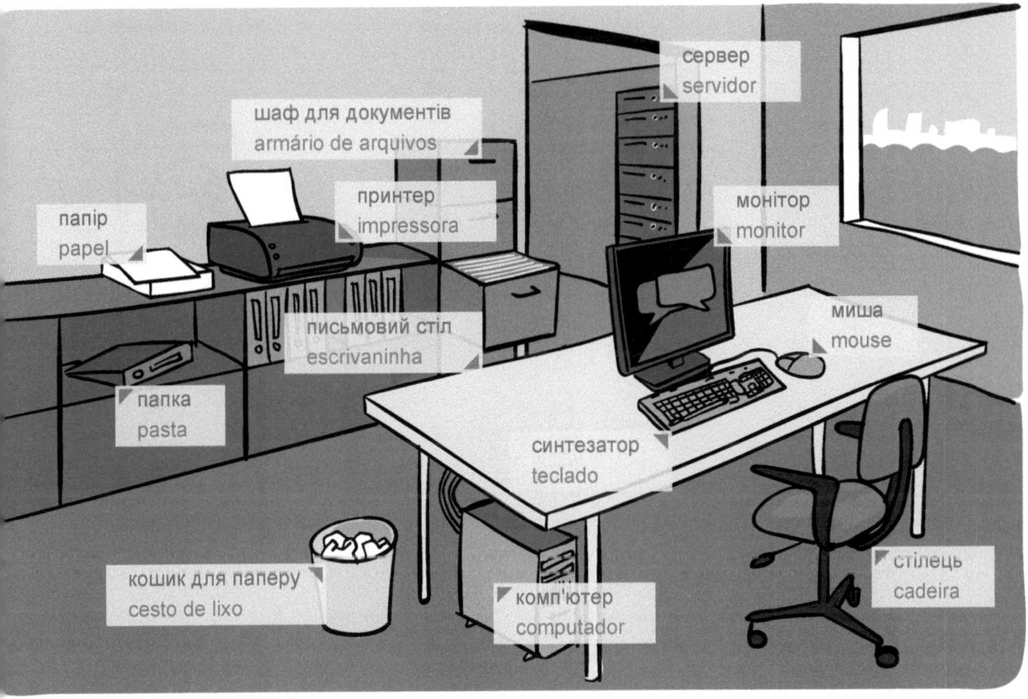

сервер
servidor
шаф для документів
armário de arquivos
принтер
impressora
папір
papel
монітор
monitor
миша
mouse
письмовий стіл
escrivaninha
папка
pasta
синтезатор
teclado
кошик для паперу
cesto de lixo
комп'ютер
computador
стілець
cadeira

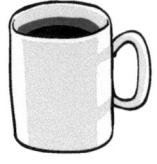

кавовий кухоль

xícara de café

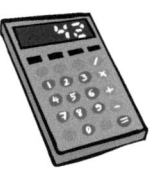

калькулятор

calculadora

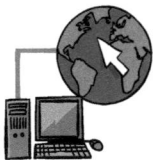

інтернет

internet

ноутбук

laptop

лист

carta

повідомлення

mensagem

мобільний телефон

celular

мережа

rede

копіювальний пристрій

copiadora

програмне забезпечення

software

телефон

telefone

розетка

tomada

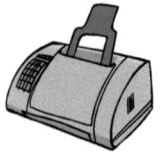

факс

fax

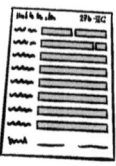

бланк

formulário

документ

documento

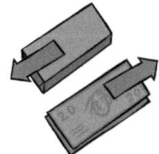

купувати

comprar

платити

pagar

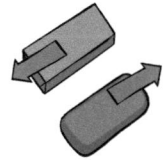

торгувати

negociar

гроші

dinheiro

долар

Dólar

євро

Euro

ієна

Yen

рубль

rublo

франк

franco suíço

юанів женьміньбі

renminbi yuan

рупія

rupia

банкомат

caixa eletrônico

обмінний пункт

casa de câmbio

золото

ouro

срібло

prata

нафта

petróleo

енергія

energia

ціна

preço

контракт

contrato

податок

imposto

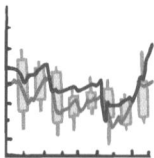

акція

ação

працювати

trabalhar

працівник

empregado

роботодавець

empregador

фабрика

fábrica

магазин

loja

професії
profissões

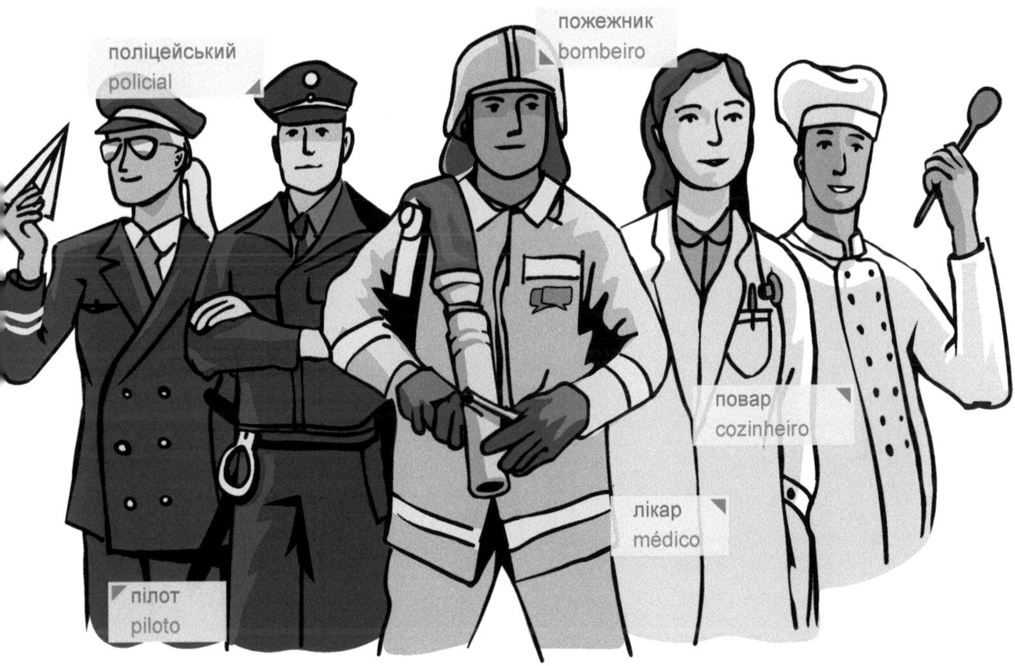
поліцейський
policial
пожежник
bombeiro
повар
cozinheiro
лікар
médico
пілот
piloto

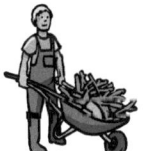

садівник

jardineiro

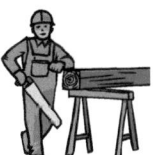

столяр

marceneiro

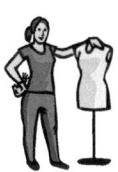

швачка

costureira

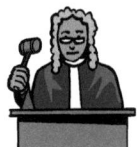

суддя

juiz

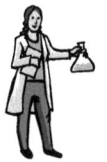

хімік

químico

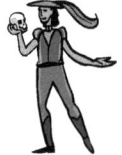

актор

ator

водій автобуса

motorista de ônibus

таксист

motorista de táxi

рибалка

pescador

прибиральниця

faxineira

покрівельник

telhador

офіціант

garçom

мисливець

caçador

художник

pintor

пекар

padeiro

електрик

eletricista

будівельник

construtor

інженер

engenheiro

забійник

açougueiro

бляхар

encanador

листоноша

carteiro

професії - profissões

солдат

soldado

архітектор

arquiteto

касир

caixa

флорист

florista

перукар

cabelereiro

кондуктор

condutor

механік

mecânico

капітан

capitão

дантист

dentista

вчений

cientista

рабин

rabino

імам

imam

монах

monge

пастор

pastor

інструменти
ferramentas

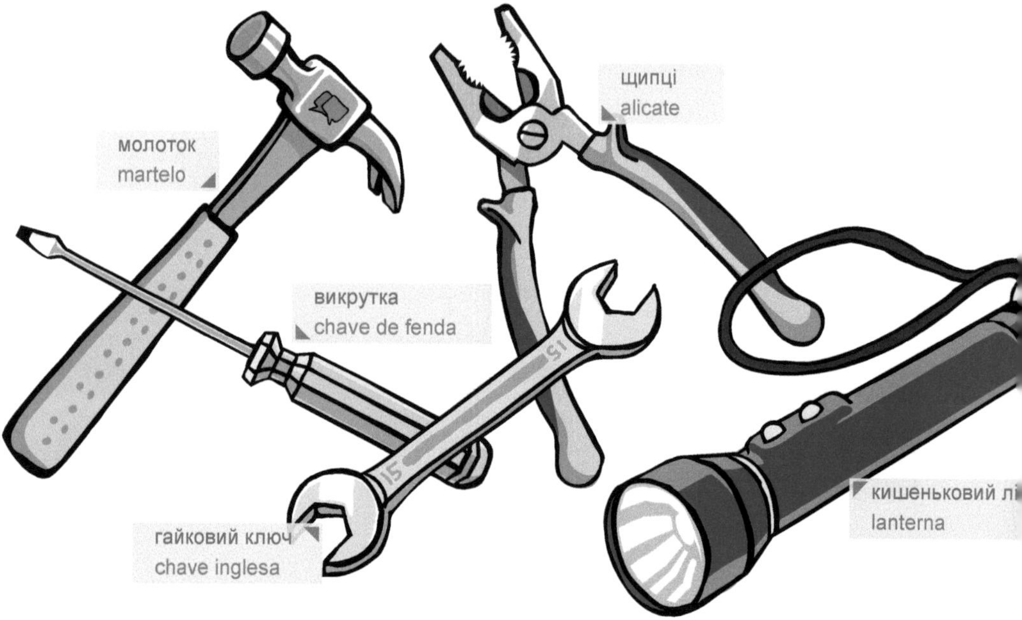
молоток
martelo
щипці
alicate
викрутка
chave de fenda
гайковий ключ
chave inglesa
кишеньковий лі
lanterna

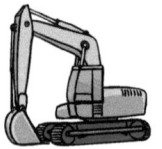

екскаватор

escavadora

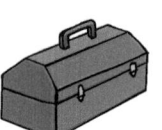

ящик для інструментів

caixa de ferramentas

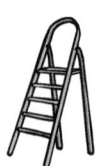

драбина

escada de mão

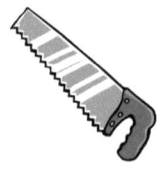

пилка

serra

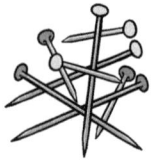

цвяхи

pregos

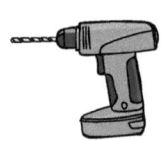

свердло

furadeira

ремонтувати

consertar

лопата

pá

лайно!

Droga!

совок

pá de lixo

відро з фарбою

pote de tinta

гвинти

parafusos

музичні інструменти
instrumentos musicais

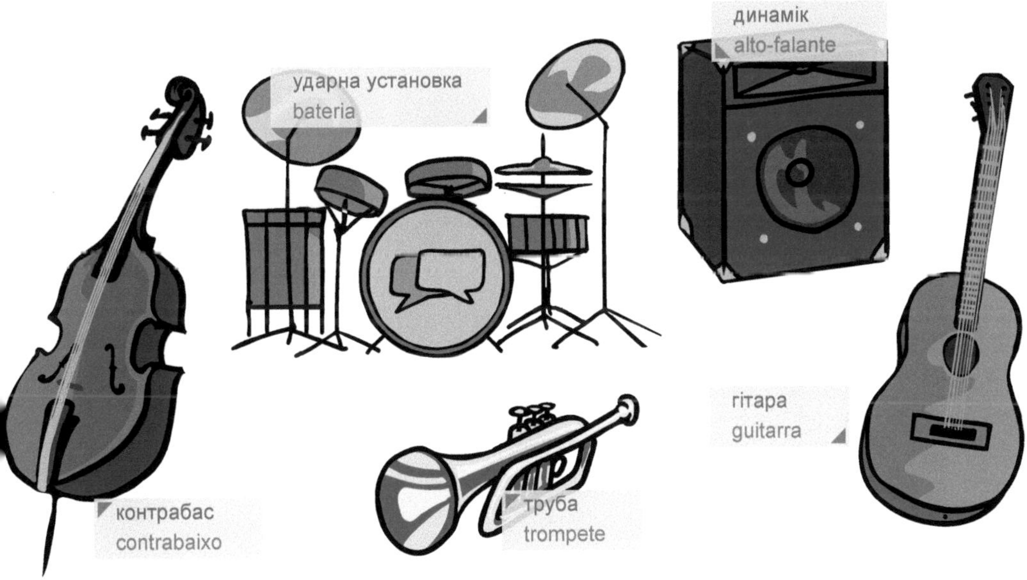

ударна установка
bateria

динамік
alto-falante

гітара
guitarra

контрабас
contrabaixo

труба
trompete

фортепіано

piano

скрипка

violino

бас

baixo

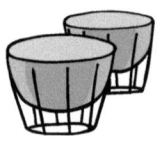

литаври

timbales

барабан

tambor

клавіатура

teclado

саксофон

saxofone

флейта

flauta

мікрофон

microfone

зоопарк
zoológico

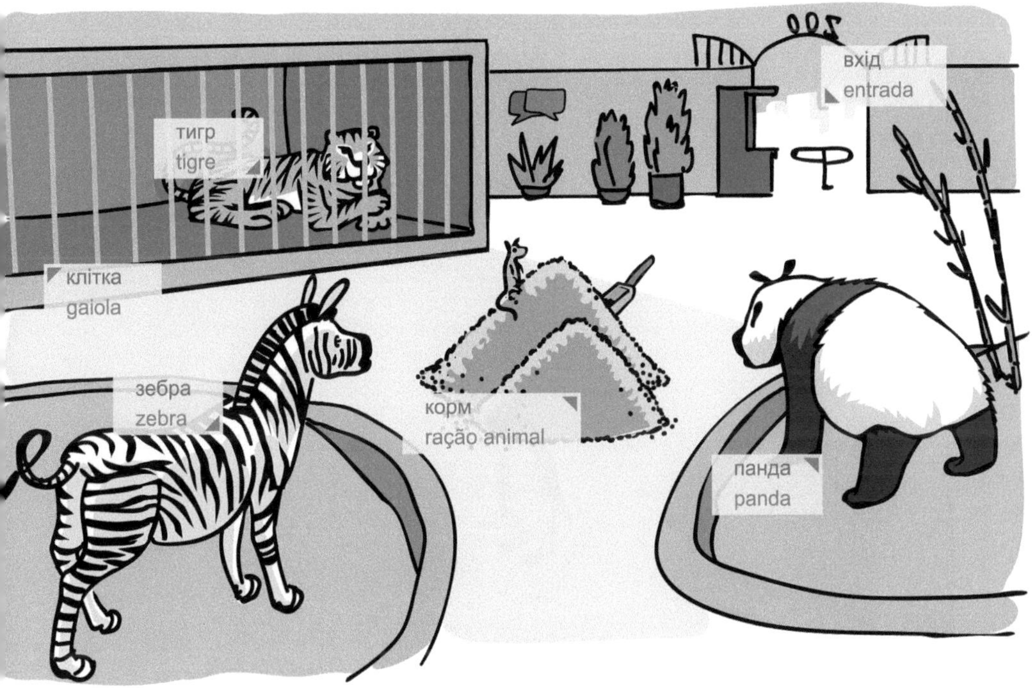
вхід
entrada
тигр
tigre
клітка
gaiola
зебра
zebra
корм
ração animal
панда
panda

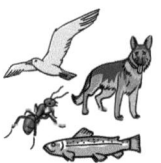

тварини

animais

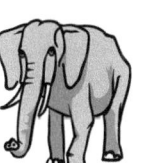

слон

elefante

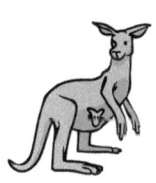

кенгуру

canguru

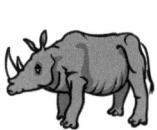

носоріг

rinoceronte

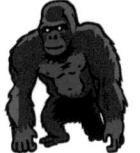

горила

gorila

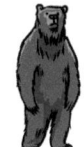

ведмідь

urso

верблюд

camelo

страус

avestruz

лев

leão

мавпа

macaco

фламінго

flamingo

папуга

papagaio

білий ведмідь

urso polar

пінгвін

pinguim

акула

tubarão

павич

pavão

змія

cobra

крокодил

crocodilo

працівник зоопарку

guarda do zoológico

тюлень

foca

ягуар

jaguar

поні
pônei

леопард
leopardo

гіпопотам
hipopótamo

жираф
girafa

орел
águia

кабан
javali

риба
peixe

черепаха
tartaruga

морж
morsa

лисиця
raposa

газель
gazela

зоопарк - zoológico

американський футбол
futebol americano

їзда на велосипеді
ciclismo

теніс
tênis

баскетбол
basquete

плавання
natação

бокс
boxe

хокей
hóquei no gelo

футбол
futebol

бадмінтон
badminton

легка атлетика
atletismo

гандбол
handebol

лижні перегони
esqui

поло
polo

дії
atividades

стрибати
pular
обіймати
abraçar
сміятися
rir
йти
andar
співати
cantar
мріяти
sonhar
молитися
rezar
цілувати
beijar

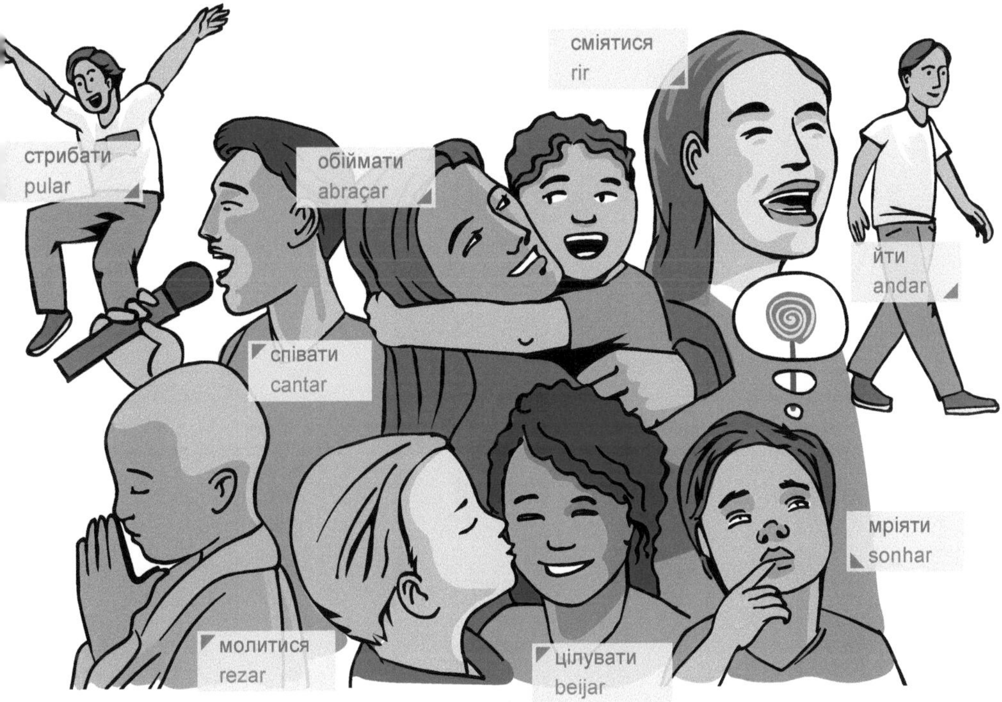

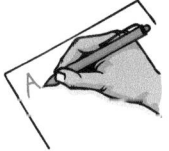

писати
escrever

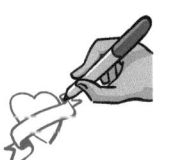

малювати
desenhar

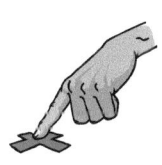

показувати
mostrar

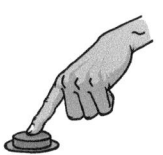

тиснути
empurrar

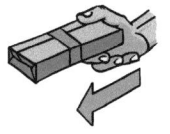

давати
dar

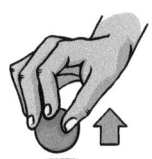

брати
tomar

мати

ter

робити

fazer

бути

ser

стояти

ficar de pé

бігати

correr

тягнути

puxar

кидати

jogar

падати

cair

лежати

deitar

очікувати

esperar

носити

carregar

сидіти

sentar

одягати

vestir

спати

dormir

просипатися

despertar

дивитися
olhar para

плакати
chorar

гладити
acariciar

розчісувати
pentear

розмовляти
falar

розуміти
entender

питати
perguntar

слухати
ouvir

пити
beber

їсти
comer

прибирати
arrumar

любити
amar

варити
cozinhar

їхати
dirigir

літати
voar

йти під вітрилом

velejar

рахувати

calcular

читати

ler

вчитися

aprender

працювати

trabalhar

одружуватися

casar

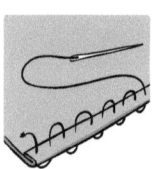

шити

costurar

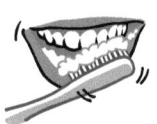

чистити зуби

escovar os dentes

убивати

matar

курити

fumar

посилати

enviar

бабуся
avó

дідуся
avô

батько
pai

мати
mãe

немовля
bebê

донька
filha

син
filho

гість

convidado

тітка

tia

дядько

tio

брат

irmão

сестра

irmã

тіло

corpo

чоло
testa
око
olho
плече
ombro
палець
dedo
обличчя
rosto
підборіддя
queixo
кисть
mão
нога
perna
груди
peito
рука
braço

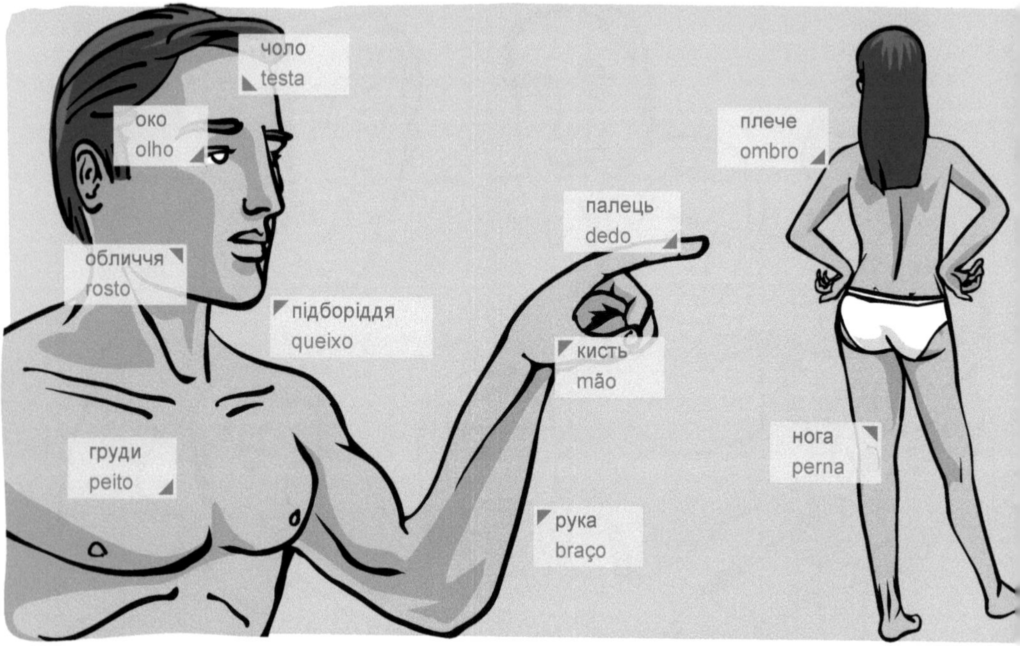

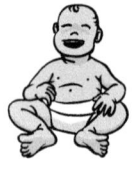

немовля
bebê

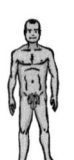

чоловік
homem

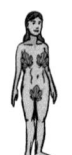

жінка
mulher

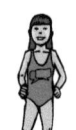

дівчина
menina

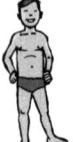

хлопчик
menino

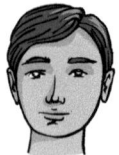

голова
cabeça

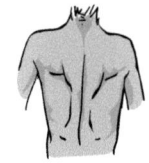

спина
costas

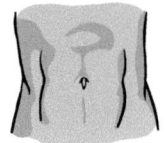

живіт
barriga

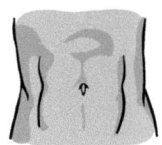

пуп
umbigo

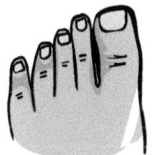

палець ноги
dedo do pé

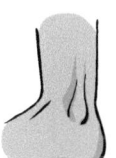

п'ята
calcanhar

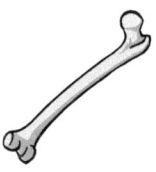

кістка
osso

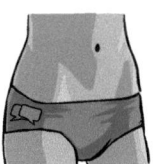

стегно
anca

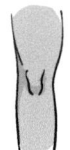

коліно
joelho

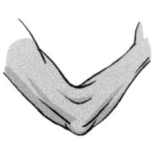

лікоть
cotovelo

ніс
nariz

сідниці
nádegas

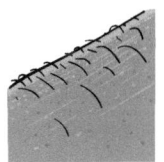

шкіра
pele

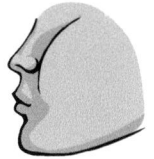

щока
bochecha

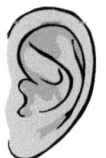

вухо
orelha

губа
lábio

рот

boca

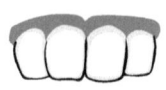

зуб

dente

язик

língua

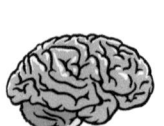

мозок

cérebro

серце

coração

м'яз

músculo

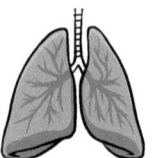

легені

pulmão

печінка

fígado

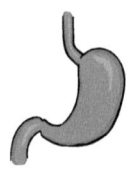

шлунок

estômago

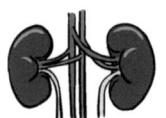

нирки

rins

статевий акт

relações sexuais

презерватив

preservativo

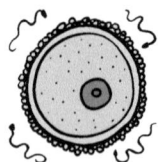

яйцеклітина

óvulo

сперма

esperma

вагітність

gravidez

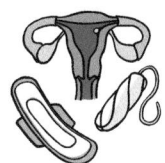

менструація
....
menstruação

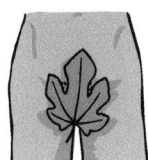

вагіна
....
vagina

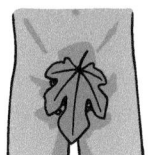

пеніс
....
pênis

брова
....
sobrancelha

волосся
....
cabelo

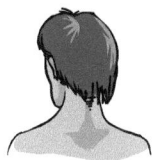

шия
....
pescoço

лікарня
hospital

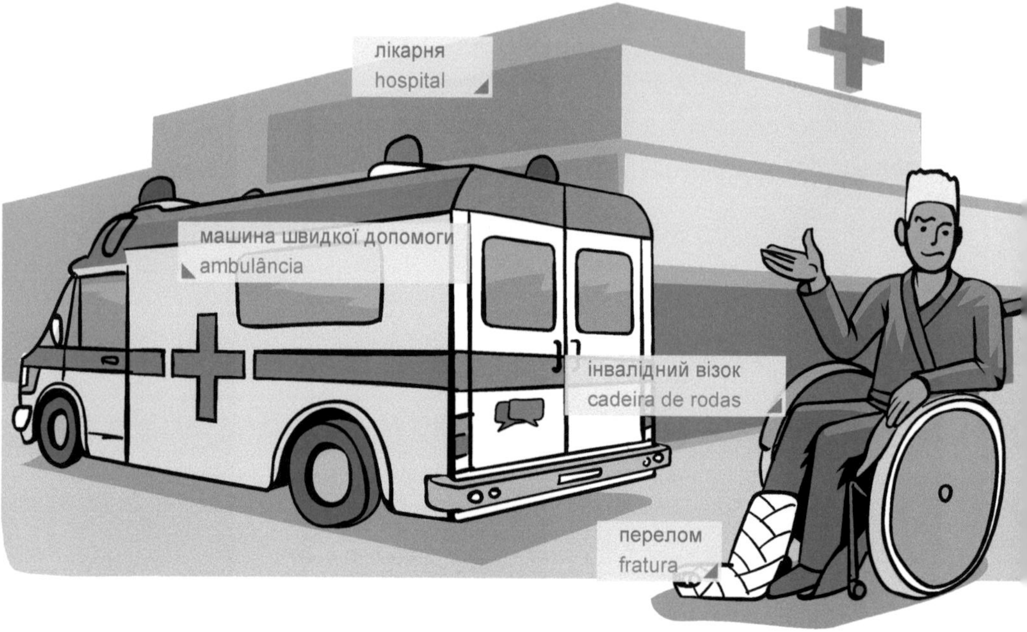

лікарня
hospital
машина швидкої допомоги
ambulância
інвалідний візок
cadeira de rodas
перелом
fratura

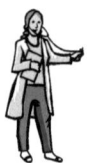

лікар
médico

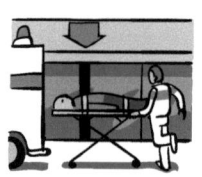

відділення швидкої медичної допомоги
pronto-socorro

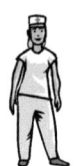

медсестра
enfermeira

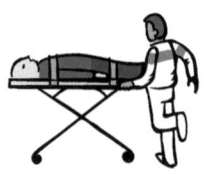

аварійний випадок
emergência

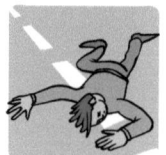

непритомний
inconsciente

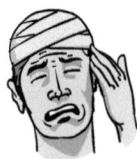

біль
dor

травма

ferimento

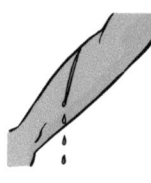

кровотеча

hemorragia

інфаркт

ataque cardíaco

інсульт

acidente vacular cerebral

алергія

alergia

кашель

tosse

лихоманка

febre

грип

gripe

пронос

diarreia

головна біль

dor de cabeça

рак

câncer

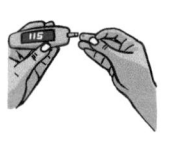

діабет

diabetes

хірург

cirurgião

скальпель

bisturi

операція

operação

лікарня - hospital

КТ
CT

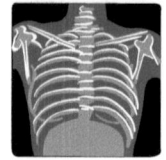

рентген
raio x

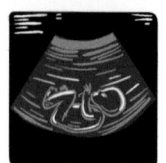

ультразвук
ultrassom

маска
máscara

хвороба
doença

зал очікування
sala de espera

милиця
muleta

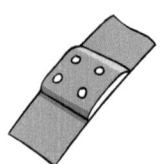

пластир
bandeide

пов'язка
ligadura

ін'єкція
injeção

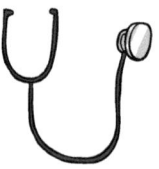

стетоскоп
estetoscópio

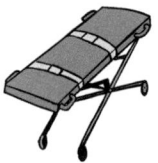

ноші
maca

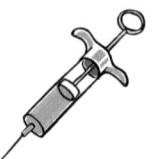

термометр
termômetro

народження
nascimento

надмірна вага
excesso de peso

слуховий апарат

aparelho auditivo

дезінфікуючий засіб

desinfetante

інфекція

infecção

вірус

vírus

ВІЛ / СНІД

HIV / AIDS

медицина

medicamento

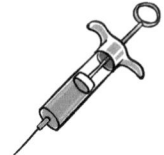

вакцинація

vacinação

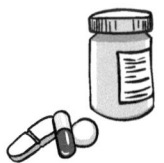

таблетки

comprimidos

протизаплідна пігулка

pílula

екстрений виклик

chamada de emergência

тонометр

dispositivo de medição de
pressão arterial

хворий / здоровий

doente / saudável

Допоможіть!

Socorro!

сигнал тривоги

alarme

напад

assalto

атака

ataque

небезпека

perigo

аварійний вихід

saída de emergência

Вогонь!

Fogo!

вогнегасник

extintor de incêndios

аварія

acidente

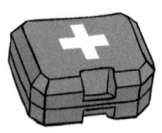

аптечка

maleta de primeiros
socorros

СОС

SOS

поліція

polícia

Європа

Europa

Північна Америка

América do Norte

Південна Америка

América do Sul

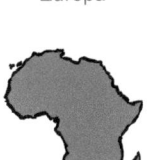

Африка

África

Азія

Ásia

Австралія

Austrália

Атлантика

Atlântico

Тихий океан

Pacífico

Індійський океан

Oceano Índico

Антарктичний океан

Oceano Antártico

Північний Льодовитий
океан

Oceano Ártico

Північний полюс

Polo Norte

Південний полюс

Polo Sul

Антарктика

Antártica

Земля

Terra

суша

terra

море

mar

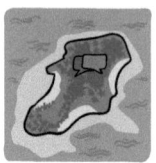

острів

ilha

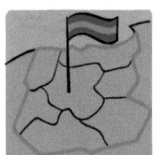

нація

nação

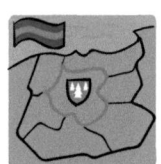

держава

estado

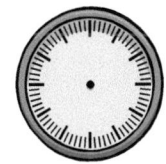

циферблат

mostrador do relógio

годинникова стрілка

ponteiro das horas

хвилинна стрілка

ponteiro dos minutos

секундна стрілка

ponteiro dos segundos

Котра година?

Que horas são?

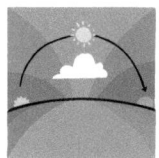

день

dia

час

tempo

зараз

agora

цифровий годинник

relógio digital

хвилина

minuto

година

hora

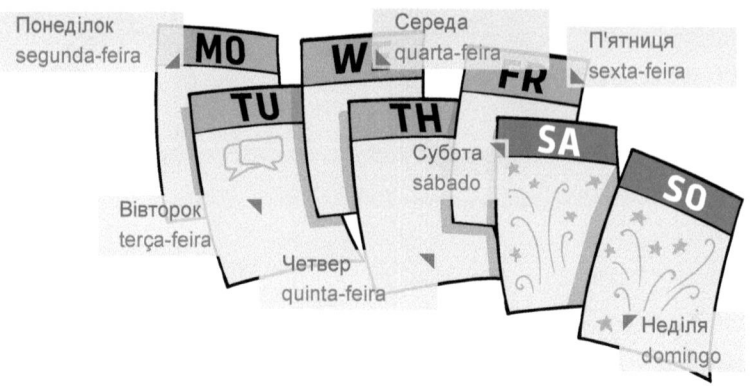

Понеділок
segunda-feira

Середа
quarta-feira

П'ятниця
sexta-feira

Вівторок
terça-feira

Четвер
quinta-feira

Субота
sábado

Неділя
domingo

вчора

ontem

сьогодні

hoje

завтра

amanhã

ранок

manhã

опівдні

meio-dia

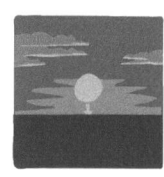

вечір

entardecer

робочі дні

dias úteis

кінець робочого тижня

fim de semana

рік

ano

дощ
chuva
веселка
arco-íris
сніг
neve
вітер
vento
весна
primavera
осінь
outono
літо
verão
зима
inverno

4.APRIL 11°
5.APRIL 4°
6.APRIL 13°
7.APRIL 8°
8.APRIL 10°

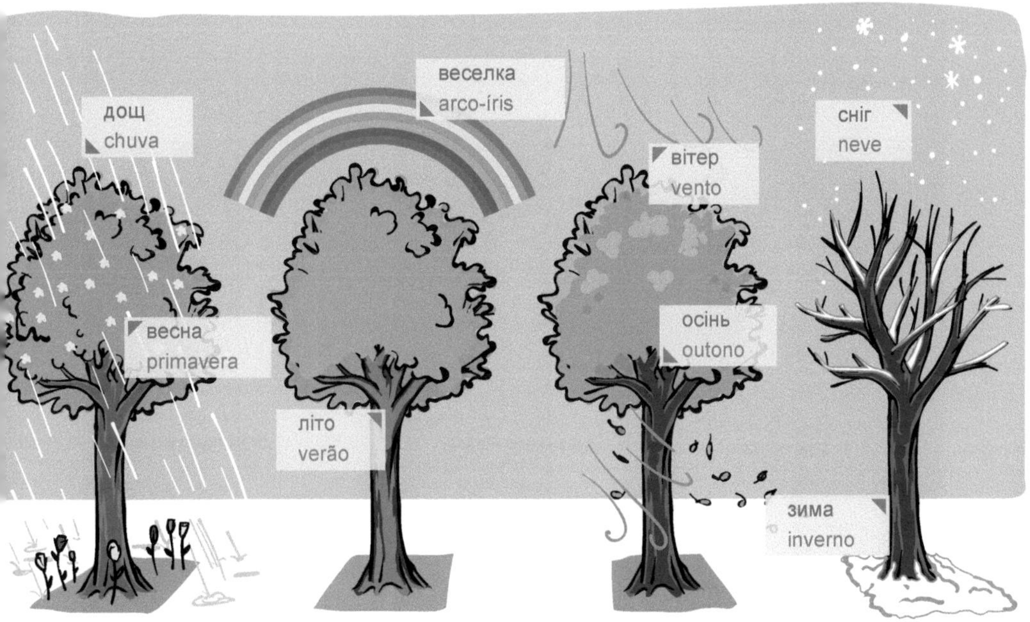

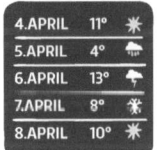

прогноз погоди

previsão do tempo

F
C
120
90
60
30
0
-30
40
30
20
10
0
-10
-20

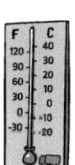

термометр

termômetro

сонячне світло

raio de sol

хмара

nuvem

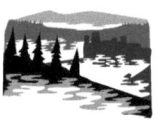

туман

neblina / nevoeiro

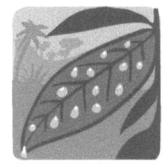

вологість повітря

umidade do ar

блискавка

relâmpago

грім

trovão

шторм

tempestade

град

granizo

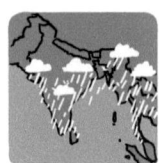

мусон

monção

повінь

inundação

лід

gelo

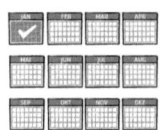

Січень

janeiro

Лютий

fevereiro

Березень

março

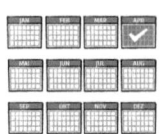

Квітень

abril

Травень

maio

Червень

junho

Липень

julho

Серпень

agosto

Вересень
....
setembro

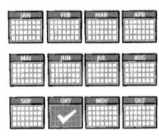

Жовтень
....
outubro

Листопад
....
novembro

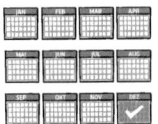

Грудень
....
dezembro

форми
formas

круг
....
círculo

квадрат
....
quadrado

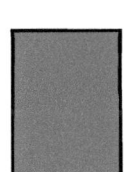

прямокутник
....
retângulo

трикутник
....
triângulo

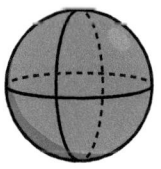

куля
....
esfera

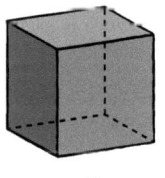

куб
....
cubo

білий

branco

жовтий

amarelo

помаранчевий

laranja

рожевий

rosa

червоний

vermelho

фіолетовий

lilás

синій

azul

зелений

verde

коричневий

marrom

сірий

cinza

чорний

preto

багато / мало

muito / pouco

лютий / мирний

furioso / tranquilo

гарний / бридкий

lindo / feio

початок / кінець

começo / fim

великий / малий

grande / pequeno

світлий / темний

claro / escuro

брат / сестра

irmão / irmã

чистий / брудний

limpo / sujo

завершений /
незавершений
completo / incompleto

день / ніч

dia / noite

мертвий / живий

morto / vivo

широкий / вузький

largo / estreito

їстівний / неїстівний

comestível / não comestível

злий / дружній

mau / gentil

збуджений / нудьгуючий

entusiasmado / entediado

товстий / тонкий

gordo / magro

спочатку / востаннє

primeiro / último

друг / ворог

amigo / inimigo

повний / порожній

cheio / vazio

жорсткий / м'який

duro / macio

важкий / легкий

pesado / leve

голод / спрага

fome / sede

хворий / здоровий

doente / saudável

незаконний / законний

ilegal / legal

розумний / дурний

inteligente / idiota

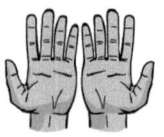

вліво / вправо

esquerda / direita

поруч / далеко

perto / longe

новий / використаний

novo / usado

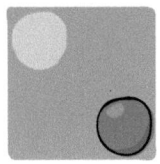

нічого / щось

nada / alguma coisa

старий / молодий

velho / jovem

вкл / викл

ligado / desligado

відкрито / закрито

aberto / fechado

тихо / гучно

baixo / alto

багатий / бідний

rico / pobre

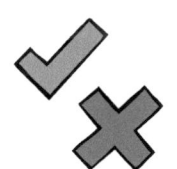

правильно / неправильно

certo / errado

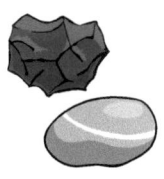

шорсткий / гладкий

áspero / liso

сумний / щасливий

triste / feliz

короткий / довгий

curto / longo

повільно / швидко

lento / rápido

вологий / сухий

molhado / seco

гарячий / холодний

ameno / fresco

війна / мир

guerra / paz

números

0

нуль

zero

1

один

um

2

два

dois

3

три

três

4

чотири

quatro

5

п'ять

cinco

6

шість

seis

7

сім

sete

8

вісім

oito

9

дев'ять

nove

10

десять

dez

11

одинадцять

onze

12
дванадцять

doze

13
тринадцять

treze

14
чотирнадцять

quatorze

15
п'ятнадцять

quinze

16
шістнадцять

dezesseis

17
сімнадцять

dezessete

18
вісімнадцять

dezoito

19
дев'ятнадцять

dezenove

20
двадцять

vinte

100
сто

cem

1.000
тисяча

mil

1.000.000
мільйон

milhão

англійська

inglês

американська англійська

inglês americano

китайська високочиновницька

chinês mandarim

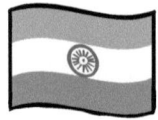

хінді

hindi

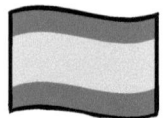

іспанська

espanhol

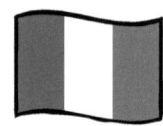

французька

francês

арабська

árabe

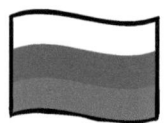

російська

russo

португальська

português

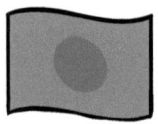

бенгальська

bengalês

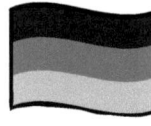

німецька

alemão

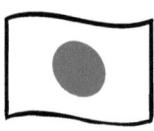

японська

japonês

я

eu

ти

você

вiн / вона / воно

ele / ela

ми

nós

ви

vocês

вони

eles / elas

хто?

quem?

що?

O quê?

як?

como?

де?

onde?

коли?

Quando?

iм'я

nome

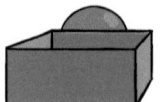

ззаду

atrás

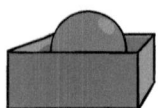

в

em

перед

na frente de

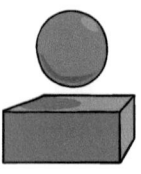

над

sobre

на

em cima

під

debaixo

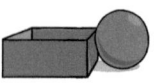

біля

do lado

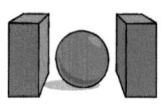

між

entre

місце

lugar